JN070417

きみを守る

「こども基本法」

3

いじめ・虐待

だれかにひどいことをされているきみへ

監修
喜多明人

きみがこまったときの味方、子どものケンリ

— 「こども基本法」、子どものケンリでかいけつ！ —

きみはこれまで「こまったなあ」と感じたことはないかい？

みんなに合わせるのがにがてで、学校に行きたくないなあ…
と、こまっている子。
友だちから無視されてつらいなあ…
と、こまっている子。
友だちとあそびたいけれど、お母さんが病気で…
と、こまっている子。
お父さんが、罰として夕食を食べさせてくれない…
と、こまっている子。

そんな「こまっている子」にとって、強い味方があらわれたよ。
子どものケンリだ。

きみは、子どものケンリという言葉をきいたことがあるかい？

　子どものケンリは、子どもが幸せに生きていくうえで、守られることが当たり前のもの、社会でみとめられているものなんだ。

　世界の国ぐにが、この子どものケンリを守るよう申し合わせたのが「子どもの権利条約」だ。この条約では、さまざまな子どものケンリがみとめられているよ。自由に自分の意志で学ぶケンリ、あそぶケンリ、休むケンリ、いじめや虐待などの暴力から守られるケンリ…。

　2023年には、この条約を子どものみなさんにも広く知らせていくために、「こども基本法」ができた。この法律は、子どもにかかわることを決めるときに、子どもの意見がきかれること、子どもが自由に意見を言うこと、参加すること、そしてその意見が尊重されることなどを、国や都道府県、市区町村の役所にも求めたんだ。

　さあ、この本を読んで、子どものケンリを生かし、楽しく、安心して生活できるようにしていこう！

国連NGO・NPO法人子どもの権利条約総合研究所顧問
子どもの権利条約ネットワーク代表

喜多明人

もくじ

この本の見方

この本は、
いくつかのパートに
分かれています。

6ページから9ページまで

身近な事例を
4つのマンガで
しょうかい
しています。

10ページから33ページまで

絵を大きくあつかった、
見開きで1テーマの
ポイント解説です。
24ページでひとつの流れに
なっています。

34ページから39ページまで

情報のページです。
相談場所のしょうかい、
「子どもの権利条約」のしょうかい、
「こども基本法」のしょうかい、
などがあります。

みんなと同じで ないとだめ？
みなとの場合

今日も学校がおわった。
さあ、急がなきゃ。

キーンコーン
カーンコーン

バイバイ

また、
バレエかよ？

あ、また
明日な。

好きだ
ねー。

ぼくはバレエを習っている。
きれいな動きに
はまってしまったんだ。
だから、放課後は毎日練習だ。

アン
ドゥー
トロワ

じつは、みんなからは、ちょっと
変わっていると思われている。
キモいと言われたこともある。
でも…。

クラスには、
植物が好きで
花を育てている
ヤツも
いる。

家庭科の授業
で、女子より
調理が得意な
ヤツもいる。

男子顔負けな
くらい、
サッカーが
うまい女子も
いる。

おーっす！

おーはよー

そう考えると、平均的なヤツ
なんていないと思うけど、
やっぱり少し遠まきにされて
いる…。なんでみん な同じ
じゃないとだめなのかな？

わたしも
被害者？
つむぎの場合

友だちとそのお姉さんと3人で市の無料の映画を見た。東南アジアのある国が舞台で、女の子の人権を考えるという映画だった。

◯◯◯◯◯シネマ

主人公の女の子は義理のお父さんにいつもからだをさわられていた。それから、女の子は、両親からよくたたかれていた。

上映後…

すごい内容だったね。

半分、ドキュメンタリーらしいね。

他人事じゃなかった。だって…うちでもあることだったから。

親にあんなこと、されたらどうしよう。

ゆるされることじゃないよ。子どもにも人権はあるからね。性的虐待もりっぱな犯罪だよ。

知らなかった。あれは性的虐待っていうんだ。

つむぎちゃん？

つむぎちゃん、何か相談があったら、いつでも言ってね。

うん。

やっぱり、今度、お姉さんに相談してみようかな…。

あ、うん。今日はどうもありがとう。

お姉ちゃんは、児童相談所で働いているのよ。

9

「こども基本法」を知っていますか？

「こども基本法」は、子どもみんなの幸せのために
つくられた法律です。

　「子どもの権利」は、子どもが幸せに生きていくうえで、守られなければならないものです。

　日本をふくめた世界じゅうの国ぐにが結んでいる「子どもの権利条約」では、さまざまな子どもの権利が示されています。暴力などから守られる権利、教育への権利（自分の意志で学ぶ権利）、あそぶ権利、そして、子どもにかかわるものごとが決められるときに「自分の意見を言う権利」も、そのひとつです。

「こども基本法」は、子どもの権利を守ることを目的に、ばらばらだった法律や政策をひとつにするためにつくられた法律です。この法律を進めるためにもうけられたのがこども家庭庁です。

　こども家庭庁は、「こども基本法」にもとづいて、子どもが安心してくらせるしくみづくりを進めています。大切なことを決めるときには、子どもの声をきかなければならないことも決められています。

　この巻では、親や保護者から虐待を受けたり、学校などでいじめにあったりしている子どもたちについて取り上げています。どの子も、安心して楽しく学んでいくためにはどうしたらいいのか、いっしょに考えていきましょう。

学校にも家にも
居場所がない

一日の大半をすごす学校と家。
そこはあなたにとって、安心できる場所ですか？

ほっとできる居場所がほしい

　みなさんは、毎日学校に楽しく通えていますか？　家ではのんびりすごすことができますか？
　こども家庭庁は、全国の子どもや若者に「学校や家以外にここにいたいと思える場所がほしいですか？」とたずねたアンケートをとりました（令和5年発表）。その結果、男子の70%以上、女子の80%以上が「ほしい」と答えました。
　学校や家でのびのびとできない子どもが多いようです。

学校にも

いじめや虐待がふえている

悲しいことですが、学校でのいじめや、家庭で親などからひどいあつかいを受ける「虐待」に苦しんでいる子どもは少なくありません。

令和4年に確認できたいじめの件数は、小学校から高校まで合わせて、全国で約68万2000件あり、過去最高となりました。虐待に関する相談も毎年ふえつづけ、令和4年には約22万件にものぼりました。

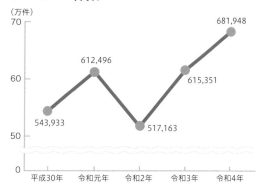

●いじめの件数

（万件）

681,948
612,496
615,351
543,933
517,163

平成30年　令和元年　令和2年　令和3年　令和4年

出典：令和4年度『児童生徒の問題行動・不登校等生徒指導上の諸課題に関する調査結果について』22ページ（文部科学省）より

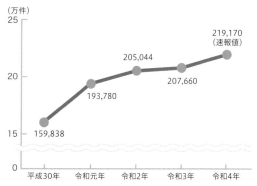

●子どもに対する家庭での虐待の相談件数

（万件）

219,170
（速報値）
205,044
207,660
193,780
159,838

平成30年　令和元年　令和2年　令和3年　令和4年

出典：令和4年度『児童相談所における児童虐待相談対応件数』2ページ（こども家庭庁）より

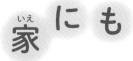

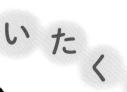

あなたはイヤなことを
されていない?

いじめや虐待は、さまざまなかたちでおきています。

暴力は、からだと心を傷つける

　いじめも虐待も、どちらも暴力です。暴力にはからだを傷つけるものと、心を傷つけるものとがあります。

　たとえば、つぎのようなものがあります。

ネットに、イヤなことや本人が
ひみつにしておきたいことを書く。
はずかしい写真をのせる。

無視する。
仲間はずれにする。

傷つける言葉を言う。

なぐる、けるなど、
からだに苦痛をあたえる。

親がどなったり、ほかの家族を
なぐったりして、恐怖をあたえる。
きょうだいで差別をする。

本人がイヤがっているのに、
からだにさわる。

親が子どもに食事や
着がえをあたえない。
病気やけがをしても病院に
連れていかない。

心の傷は、見すごしやすい

　暴力をふるわれたら、「ひどいことをされた」と思うでしょう。いっぽうで、心の傷は自分でも気づかないことがよくあります。

　イヤな気持ちがしても「自分はいじめられていない」「うちではいつもこうだから」と、自分が傷つかないように考えてしまうのです。

イヤなことをされた子の気持ち

暴力にさらされると、自分に自信がもてなくなってしまいます。

いじめられるのは自分のせいなの？

　人からイヤなことをされると「これくらい平気」と思っていても、心は、知らず知らずのうちに傷つき、つかれていきます。

　だれも味方になってくれる人がいなかったり、たびたびひどいことをされたりしていると、自信を失い、「自分はこんな目にあってもしかたない人間なんだ」と思ってしまうことがあります。

あいつ本当にバカだよな。

みんなで、よってたかっていじめる。ぼくは頭が悪いんだからしかたない。

親のしつけはぜんぶ正しい？

　親には、子どもを育て、しつけをする役目があります。ただし、親がしつけと思っていても、子どものからだや心に苦痛をあたえることは虐待にあたります。

　けれども、子どもは「自分がいけないんだ」と思ったり、親の目を気にして、自分のやりたいことをがまんしたりしてしまうことがよくあります。

子どもには安心してくらし、自信をもち、

自由にすごす権利があります。

イヤなことをされるのは
あなたのせいじゃないよ！

もしあなたがいま、だれかにひどいことをされていたとしても、
それは決してあなたが悪いからではありません。

傷つけられていい子はいない

　いじめる子はよく、だれかの外見や
成績、個性をばかにしたり、攻撃した
りします。けれども、それはまちがっ
たことです。人間はひとりひとりちが
うものですし、だれかの心やからだ
を傷つけていいはずがありません。そ
れは虐待でも同じです。

　どの子もひどいことをされてはいけ
ませんし、暴力から守られなければな
りません。

子どもの権利条約

・国籍、性別、意見のちがいや、障
がいのあるなしによって差別されま
せん（2条）。
・どんなかたちであれ、子どもが暴
力をふるわれたり、ひどいあつか
いを受けたりすることがないよう
に、国は子どもを守らなければなり
ません（19条）。

自分を守ろう

　あなたがひどいことをされて「イヤだな」「つらいな」と感じたときは、がまんせず、大切な自分を守る方法をさがしましょう。学校や家の外にも温かい場所や、味方になってくれる人はたくさんいます。
　そうした例を、次のページからしょうかいします。

あなたは世界にひとりの大切な存在。

あらゆる暴力から守られなくてはいけません。

ほっとできる場所を見つけよう

自分らしくすごせる、やさしいおとなに出会える…
そんな居場所は元気をくれます。

心とからだが楽になる

　学校や家にいても気が休まらないときは、安心できて自分らしくすごせる場所をさがしてみましょう。

　図書館は、ひとりで本を読み、のんびりとすごすことができます。児童館や地域の人が運営している子ども食堂では、あそんだり食事をしたりしながら、スタッフのおとなやほかの子どもたちと交流することができます。信頼できて、つらい気持ちを打ち明けられるおとなと出会えるかもしれません。

図書館

司書の人に本の話をきいたり、
本の世界に入ったりして、
つらいできごとをわすれられる。

児童館

好きなあそびをしたり、職員やほかの子どもと交流したりして、
楽しい時間をすごすことができる。

このほかにもある子どもの居場所

いま国は市区町村と協力して、子どもの居場所をふやす取り組みを進めています。

しょうかいしたほかに、だれでも自由に行ってあそべるプレーパークがある地域、無料で勉強を教えてもらえる学習会が開かれている地域があります。こうした情報は、市区町村の掲示板やウェブサイトなどにのっています。

子ども食堂

まわりの人との会話を楽しみながら、温かい食事をとれる。

めしあがれ。

わーい

わーい

おかわりあるよ。食べる？

ぼくにも、やさしくしてくれる人がいるんだな。

子どもを助けるために働く人たち

あなたがイヤなことをされたとき、味方になってくれるおとなをしょうかいします。

たくさんのおとなが助けてくれる

いじめや虐待を解決するために働いているおとなたちもいます。

スクールカウンセラーやスクールソーシャルワーカーは、子どもの話をきき、気持ちを整理するのを手伝ってくれます。子どもが望んだ場合は、先生や学校の外の専門機関に情報を伝え、解決に向けて動いてくれます。

児童相談所にいる児童福祉司は、虐待などの相談にのります。家庭訪問をしてようすを確かめ、虐待がなくなるように親と話しあいます。

児童委員は地域の子どもと家庭を見守ってくれる人です。

電話やSNSで相談にのってくれる人（→34ページ）もいます。ひみつはきちんと守ってもらえますし、名前を言わなくても相談できるところもあります。

＊ここにあげているのはひとつの例です。ほかにも、いろいろな立場の人が、問題を解決するために協力しています。

さまざまな立場のおとなが

子どもを守るために協力しています。

こんなおとなには気をつけて

残念なことに、なやみをもった子どもに近づき、イヤなことをするおとなもいます。どんなことに気をつけたらいいのでしょうか？

親切なおとなだと思っていたら…

　スマートホンを持っている子どもが、SNSで知り合ったおとなになやみを相談することがあります。直接は人に言いにくいことも、SNSなら話しやすいと感じるためです。

　けれども、SNSで出会うおとなのなかには、親切なふりをして子どもをさそいだし、家に連れこんで服をぬがしたり、からだにさわったりする「性暴力」をふるう人もいます。

トラブルに巻きこまれないために

SNSの相談はしんちょうに

たくさんの子がスマートホンを持ち、SNSでやりとりしている現在では、直接会って話したり電話で話したりするのは苦手、という子も少なくありません。そのため、相談機関（→ 34ページ）でも SNS で連絡をとれるようにしているところがあります。

でも前のページで知ったように、SNS で悪だくみをするおとなもいます。どんな立場の人か相手のことがよくわからないときは、やりとりをしないほうが安全です。

ふたりきりにならない

よく知っているおとなから、性暴力をふるわれるケースもあります。ふだんやさしくしてくれるおとなであっても、家にはついていかない、近くに人がいないところで、ふたりきりにならないように注意しましょう。しつこくさそわれたときは、ほかのおとなに相談しましょう。

もしふたりになってしまい、「なんだかイヤだな」と感じたときは、はっきり「イヤだ」と言って、その場からにげるようにしましょう。

うちにねこの赤ちゃんが生まれたんだ。見においで。

NO!

行きません！

学校や家からにげる権利もある

苦しくて、こわくてたまらないときは、
学校や家からにげることもできます。

学校に行かなくてもいい

　いじめられている子のなかには、「親が休ませてくれない」「勉強がおくれてしまう」といった理由から、無理をして学校に通っている子もいます。

　けれども、学校に行かないのは悪いことではありません。いじめのない場所でゆっくりとすごすことで、元気をとりもどすことができます。

　家の人から学校に行くようにせまられるときは、スクールカウンセラーなどに相談するとよいでしょう。学校からにげることも権利のひとつです。

いじめが解決しないときや、
学校に行きたくないときは、
フリースクールなど、学校以外の
学びの場に通う道もあります。

家からにげたいときは

　虐待のなかには、命にかかわるような深刻なものもあります。
　児童相談所には、とくに家庭で危険な状態にある子どもたちを、きんきゅうで保護する「一時保護所」があります。
　また弁護士が地域の人びとと協力してつくった「シェルター」は、家でくらせない子どもたちがにげこめる場所となっています。
　児童相談所の職員や弁護士が、子どもの親と話しあい、家に帰るのがむずかしい場合は、児童養護施設や、親がわりをしてくれる里親の家庭で、生活する道があります。

子どもの権利条約

家族のいない子どもや、家庭にいることがよくないと判断された子どもは、国から守ってもらうことができます（20条）。

はい、せんたく物。

ありがとう。

栄養バランスのよい食事やせいけつな衣類を用意してもらえます。

自分の気持ちを
言ってもいい

子どもが自分の気持ちを伝えられるように、
ささえようとする動きもあります。

わがままって言われない…?

　これまで見てきたように、日本には子どもを守るために働くおとながたくさんいます。しかし、そうした人たちも、おとなが考えたしくみやルールにしたがってものごとを決めることが多くあります。

　子どもが本当に安心してすごせるようにするためには、ささえるおとなが子どもの意見をていねいにきき、子どもにもっともよいことを、いっしょに考えていかなければなりません。

　けれども、いじめや虐待にさらされてきた子どもが自分から気持ちを伝えるのは、かんたんではありません。とくに、一時保護所や児童養護施設などで生活している子は、言いたいことをがまんしてしまいがちです。

虐待からにげて施設に来たけど、
となりの部屋の子が、ときどき
大きな音をたてるからドキドキしちゃう。
お父さんのどなり声を思い出すんだ。
でも、行くところがないから、
がまんしなきゃ。

ドンッ
ガンッ

子どもの話をきく専門家「アドボケイト」

　そこで、子どもの気持ちをきき、まわりのおとなにそれを伝えてくれる人が必要ではないかと考えられるようになってきました。こうした仕事を専門とする人は「アドボケイト（意見表明支援員）」とよばれます。

　2024年からは、全国の一時保護所や児童養護施設をアドボケイトが訪ねて、子どもの話をきくことになっています。アドボケイトは子どもからきいた話を勝手に施設の職員などに話したりしません。ひみつは守ります。いっぽうで、子どもが伝えたいことがあれば、どうしたら伝えられるか、いっしょに考えます。

　これからは施設だけでなく、学校など、さまざまな場所でアドボケイトが働くことが期待されています。

子どもの権利条約

・子どもは自分のことを自分で決めることができ、おとなが勝手に決めることはできません。子どもは自分の意見をおとなからきかれ、それを言う権利があります（12条）。
・子どもに関することが決められるときは、まず「その子どもにとってもっともよいことは何か」を考えなければなりません（3条）。

いまの部屋では落ち着けないんだね。どうしたら施設の職員さんに伝えられるかな？

手紙を書いてわたすので、いっしょについてきてください。

気づかなくてごめんね。来月空く部屋があるから、そこに移動しよう。

アドボケイト

幸せに生きるために できること

ひとりでがまんせず、まわりの人の力を借りることで
心が楽になることや、いじめや虐待が解決に向かうことがあります。

「助けて」と言っていい

もし、あなたが学校や家で毎日、ひどいことをされていたら、だれのことも信じられず、一生つらい日が続くような気がするかもしれません。

けれども、世の中は思っているよりもずっと広いのです。あなたを大切に思ってくれる人はかならずいます。あきらめず、心を開けるおとなをさがしましょう。人をたよったり、「助けて」と言ったりするのは、はずかしいことではありません。大切な自分を守るための権利です。

学校ではいじめられ、親は
お兄ちゃんばかりかわいがっている。
いつも「自分なんか」と思っていた。
でも、児童館に行ったら、先生が
ぼくのことをよくほめてくれて元気が出た。
児童館はぼくの居場所になっている。

すごいわ－。

うまいね－。

いじめのことを、担任の先生に話した。
スクールカウンセラーと協力して、
クラスのようすを見てくれたり、
いじめる子の気持ちを
きいてくれたりした。
いまはいじめがなくなって、
安心して学校に通えている。

こんにちは。

お母さんはお酒を飲むたびに、
わたしをたたいた。
子ども食堂の人に話したら、
それから家のことを気にかけてくれて、
お母さんのなやみもきいてくれた。
お母さんはお酒を飲むことがへって、
わたしをたたかなくなった。

ひとりでがまんしないで。

いまよりも幸せになるために

「助けて」と伝えよう。

自分にもできることがある?

クラスでひそかに、いじめがある。
ターゲットは、あの子。
すごくつらそうだ。
でも、いじめてる子たちに、
やめなよって言うのがこわくて、
何もできない自分がいる。

もしもその子が、つらくて、つらくて、
学校にも来られなくなってしまったら…?
そんなことになっても、
自分は平気でいられるのかな。

面と向かってやめなよって言えなくても、
できることがあるのかもしれない。
自分も何か行動できるかな。

ぼくのことは、ぼくが守る

ぼくは、いま、
家からいなくなりたい、と思っている。

お母さんが新しいお父さんと結婚して、
弟が生まれてからは、
お父さんも、お母さんも、
ぼくのことをじゃま者あつかいするようになった。

ぼくが、勉強ができないからかもしれない。
ぼくが、いいお兄ちゃんでないからかもしれない。
何をやっても怒られて、家に居場所がない。

学校からの帰り道。ふと、歌がきこえてきた。
——つらいときは、にげていい。
——ぼくのことは、ぼくが守ってあげなくちゃ。
ぼくのことはぼくが守る、か。
それなら、できるかも。

助けてくれる おとなと つな

なやみをきいてほしい

身近に相談できる人がいないときは、次の電話番号にかけると、だれにも知られずに、話をきいてもらうことができます。

24時間子供SOSダイヤル（文部科学省）

電話 ☎ 0120-0-78310
受付時間　365日／24時間

電話をかけた場所から近い教育委員会の相談窓口につながります。いじめのことなどさまざまな、なやみを聞いてもらえます。

チャイルドライン

電話 ☎ 0120-99-7777
受付時間　年末年始をのぞく
　　　　　毎日／16:00〜21:00

全国にいるボランティアのおとなが話をきいてくれます。「何を相談したらいいかわからないけれど、だれかと話したい」というときでも対応してくれます。ホームページからチャットでも相談ができます。

こどもの人権110番（法務省）

電話 ☎ 0120-007-110
受付時間　月〜金（祝日・
　　　　　年末年始をのぞく）／
　　　　　8:30〜17:15

いじめや家族との関係など、こまったことについて、相談にのってくれます。ホームページからメールアドレスを登録すると、メールで相談することができます。LINEでの相談もできます。

児童相談所 虐待対応ダイヤル「189」

電話 189
受付時間　365日／24時間

住んでいる地域の児童相談所につながります。家のなかで暴力をふるわれてこまっているなど、危険を感じているときに、すぐに相談することができます。

がろう

子ども食堂をさがす

都道府県警察の少年相談窓口

https://www.npa.go.jp/bureau/
safetylife/syonen/soudan.html

いじめやネット上のトラブルなど
でなやんでいる子どものため、そ
れぞれの都道府県ごとに「ヤング
テレホンコーナー」、「少年相談」
といった窓口があります。上の
URL から住んでいる地域の連絡
先をさがしてみましょう。

弁護士会の子どもの人権に関する相談窓口一覧

https://www.nichibenren.or.jp/
legal_advice/search/other/child.
html

それぞれの都道府県ごとにある弁
護士のグループが、子どもからの
相談にのってくれます。無料で相
談にのってくれるところが多く、
SNS でも相談にのってくれると
ころもあります。

＊住んでいる都道府県以外のところ
でも、相談することができます。

おいしい食事を無料や安い
料金で食べることができます。
ひとりでも気軽に行けて、地域
のおとなと交流することがで
きます。

1 全国の「こども食堂
ネットワーク」の
ウェブサイトからさがす

下の URL にアクセスすると、全国に
ある子ども食堂の情報を見ることがで
きます。

http://kodomoshokudou-network.
com/

2 ネットで検索する

「こども食堂」のキーワードと住んで
いる市区町村の名前で検索して、行き
やすい子ども食堂をさがす。

3 市区町村の情報を
確かめる

ウェブサイトや図書館、公民館、まち
のなかの掲示板に案内が出ていないか
見てみる。

子ども食堂が開いている
曜日、時間をよく
確かめてから行こう。

「子どもの権利条約」を知ろう

子どもの権利は世界共通

「子どもの権利条約」は 1989 年に国際連合で採択されました。いまでは日本をふくむ世界の 196 の国と地域がこの条約を結んでいます。子どもの権利は大きく 4 つに分類することができます。

生きる権利

住む場所や食べ物があたえられる。病気やけがをしたときは治療を受けて命が守られる。

育つ権利

勉強をしたり、あそんだりして、能力を高めながら健康に成長する。休みたいときは休むことができる。

守られる権利

戦争や暴力から守られる。住む場所を失った子は安全なところで守られる。強制的に働かされたり、危険な仕事をさせられたりしない。

> あらゆる暴力から守られる権利（19 条）（→ 18 ページ）はここに入るよ。

参加する権利

自由に意見を言ったり、同じ考えをもつ子とグループをつくって、社会にうったえたりすることができる。

「子どもの権利条約」についてくわしく知りたい人は、このサイトですべての権利に関する条文が見られるよ。

「子どもの権利条約」第 1 〜 40 条 日本ユニセフ協会抄訳
https://www.unicef.or.jp/kodomo/kenri/pdf/CRC.pdf

4つの原則

　「子どもの権利条約」のなかで、とくに重要とされている4つの条文をしょうかいします。これは「子どもの権利条約の原則」といわれています。

第2条

差別の禁止

すべての子どもは、本人や親の人種、国籍、性別、宗教、障がい、経済状態、意見などによって差別されない権利をもっています。

第3条

子どもの最善の利益

すべての子どもは、国やおとなが子どもに関することを決め、おこなうとき、「何が子どもにとってもっともよいことなのか」を考えてもらう権利をもっています。

第6条

生きること、成長することについての権利

すべての子どもは命が守られ、もって生まれた能力をのばしてすこやかに成長できるようにささえられます。医療や教育を受けるための支援、生活するための助けが得られます。

「こども基本法」では、この権利をとても大切にしているよ。

第12条

意見を言う権利

子どもは、自分に関係のあることについて、自分の意見を自由にあらわす権利をもっています。おとなは子どもの発達の段階に応じて、子どもの意見を生かせるように十分に考えなければなりません。

教えて！「こども基本法」

子どもって何歳までをいうの？

「子どもの権利条約」では、18歳未満の人を「子ども」としています。けれども、さまざまな事情によって、18歳をすぎても、心やからだがおとなになりきれていない人もいます。「こども基本法」では、18歳未満の子どもだけでなく、心身が発達のとちゅうにあるひとを「こども」とよんでいます。

「こども基本法」ができてどんなことが変わったの？

国や都道府県、市区町村は、「こども施策」をつくるときには、かならず、子どもの意見を反映しなければならなくなりました。つまり、おとなの考えで一方的に決めるのではなく、子どもにとってもっともよいことを考えて決めます。

いままで、子どものための法律はなかったの？

これまでも、いじめや虐待から子どもを守るための法律などはありましたが、ばらばらにつくられていたため、子どもの権利が十分に守られているとはいえませんでした。「こども基本法」は、「子どもの権利条約」にもとづいて、ばらばらだった法律をひとつにまとめ、子どもの幸せを大切にしようとつくられた、日本ではじめての法律なのです。

どんなことが「こども施策」になるの？

たとえば、家が生活にこまっていて進学できない、家族をささえるために休んだりあそんだりする時間がないなど、家庭のなかで子どもの権利が十分に守られていない場合は、社会全体でささえるしくみをつくらなくてはなりません。そのために、学校や病院、地域のおとななど、子どもにかかわるすべての人が協力しあいます。子どもを育てている人をサポートするために相談窓口をつくったり、働きやすい環境をつくったりすることも考えられます。

子どもはどうやって意見を伝えたらいいの？

子どものみなさんからは、意見箱やアンケート、インターネットという方法があがっています。「こども施策」づくりにかかわるおとなも、子どものもとを訪ねて意見をきいたり、会議に子どもをまねいたりすることや、子ども自身がインターネットを通じて自治体に意見を送ったり、自治体のアンケートに答えたりする方法を実施しているほか、もっとみなさんが伝えやすい方法を模索しています。どんな方法でもいいので、意見を出しましょう。勇気を出して、対面で発言することも大切です。

子どもが意見を言ったら「わがまま」って言われない？

たしかに、おとなから見て小さな子どもは、意見を言っても、おとなと同じように受け止めてもらえないことがあります。けれども、「こども基本法」ができたことで、子どもにもおとなと同じ権利があることが、はっきりとみとめられたのです。子どもが意見を言うことは、「こども基本法」で決められた、子どもの権利なのです。

監 修

喜多 明人（きた　あきと）

1949 年東京都生まれ。早稲田大学名誉教授。国連 NGO・NPO 法人子どもの権利条約総合研究所顧問。子どもの権利条約ネットワーク代表。多様な学び保障法を実現する会共同代表（2021 年 9 月まで）。学校安全全国ネットワーク代表。主な著書に『まんがで学習－よくわかる「子どもの権利条約」事典』（あかね書房）、『みんなの権利条約』（草土文化）、『人権の絵本 3 巻 それって人権？』『人権の絵本 4 巻 わたしたちの人権宣言』（ともに大月書店）、主な監修書に『人権ってなんだろう』（汐文社）、『楽しい調べ学習シリーズ 子どもへのハラスメントー正しく知って、人権を守ろう』（PHP 研究所）などがある。

編　　集	永田早苗
執筆協力	野口和恵
イラスト	丹下京子
デザイン	周 玉慧
校　　正	村井みちよ

参考文献
「こども六法 NEXT　おとなを動かす悩み相談クエスト」監修・山崎 聡一郎（小学館）
「じぶんでじぶんをまもろう 3 「いや！」というよ！ー性ぼうりょく・ぎゃくたいにあわない」監修・嶋崎 政男（あかね書房）
「生きるために必要な「法律」のはなし」監修・木村 真実、高橋 麻理、志賀 野歩人、青木 美佳（ナツメ社）
「これっていじめ？」監修・香山 リカ（ベースボール・マガジン社）

きみを守る「こども基本法」3

いじめ・虐待　だれかにひどいことをされているきみへ

2024 年 2 月　初版第 1 刷発行

監　修	喜多 明人
発行者	三谷 光
発行所	株式会社 汐文社
	〒 102-0071　東京都千代田区富士見 1-6-1
	電話　03-6862-5200　ファックス　03-6862-5202
	URL　https://www.choubunsha.com
印　刷	新星社西川印刷株式会社
製　本	東京美術紙工協業組合

ISBN 978-4-8113-3123-2
乱丁・落丁本はお取り替えいたします。
ご意見・ご感想は read@choubunsha.com までお寄せください。